Alle Fotos: Gerd Steinkoenig / Titelbild: Stefan Renner

© 2021, Glückskind Bürger Gerd
Herstellung und Verlag: BoD – Books on Demand, Norderstedt
ISBN: 9783754348390

Gerd Steinkoenig

8. Dezember 2017 ·

Mit Öffentlich geteilt

MeinJahrzehnte-Album, die erfolgreichsten Songs, Samstage, Melancholie, Erinnerungen und

Erlebnisse, Mad Man Moon-Aufsatz, The Beatles-Aufsatz (Buch 1) oder seltene VinylSingle von den Beatles (Buch 7), 70er Musik (Story of Rock, Buch 1) oder 70er Musik (Buch 6), Raumschiff Erde, David Bowie freut meine Bücher und fährt nach Andromeda, Peter Maffay = Godfather of Schlagerrock (ich sag der Erste, ich mach gefälligst Knete, hahaha), spezielle Chartlisten von speziellen Jahren (1959, 1969, 1973....), TV-Serien irgendwo in den Büchern (Miami Vice kommt glaub ich am ehersten), Filmklassiker (Stanley Kubrick! Humphrey Bogart! Jodie Foster!), die ersten 57 Jahren mit meinem rockigen Leben! Rust Never Sleeps! Aus den Erinnerungen mit Genesis- oder Pink Floyd-Konzert (Nr.1 FOREVER: The Dark Side Of The Moon!), Discos von Old Vienna oder Why Not, das ErsteMal ❤der Sprung über die Schlucht 2014/2015 (das beste Ever!), irgendwo überall in EIN Buch der 7 Büchern   Die 2 Lieblingsbüchervom Autor: Blood On The Rooftops (Buch 1), Liebe ist alles (Buch 6)

Das Post hatte ich am 8. Tag nach meinen Kliniken (Schlaganfall/Mediainfarkt). Dementsprechend ein paar Holperer bei meinen Sätzen... Nachfolgend mein Foto von meinen 7 ISBN-Büchern! 7 Books = EINS!! So sollte es sein forever, dann Theraphie-Bücher (no isbn) und ab 2019 mein 8. ISBN-Buch: Danach... Und vieles mehr...

MIX
Papier aus verantwortungsvollen Quellen
Paper from responsible sources
FSC
www.fsc.org
FSC® C105338

----

80 BILDER aus meinem Leben... Mein Fotoband nach 26 ISBN-Büchern... Mit Annweiler am Trifels, K-Town, Landau, Natur, Bäume, moi Katzemääädsche Molly, meine CDs etc...

Album Später ohne Buch, 6 Fotos, 11.12.21

Gerd Steinkoenig hat 6 neue Fotos hinzugefügt — 😌 gesegnet hier: Annweiler am Trifels.
7 Std. 🌐

ENDLICH! Ich hab nach gefühlten 1000 DHL-Jahren mein Buch SPÄTER OHNE BUCH!! 6 Fotos zum Anschmusen! Ihr wollt kaufen? Dann bitte amazon, Thalia.de, ISBN.de, buecher.de etc! Ich liebe Euch natürlich, Ihr Liebsten!!

SPÄTER OHNE BUCH

Gerd Steinkoenig (Glückskind Bürger Gerd)

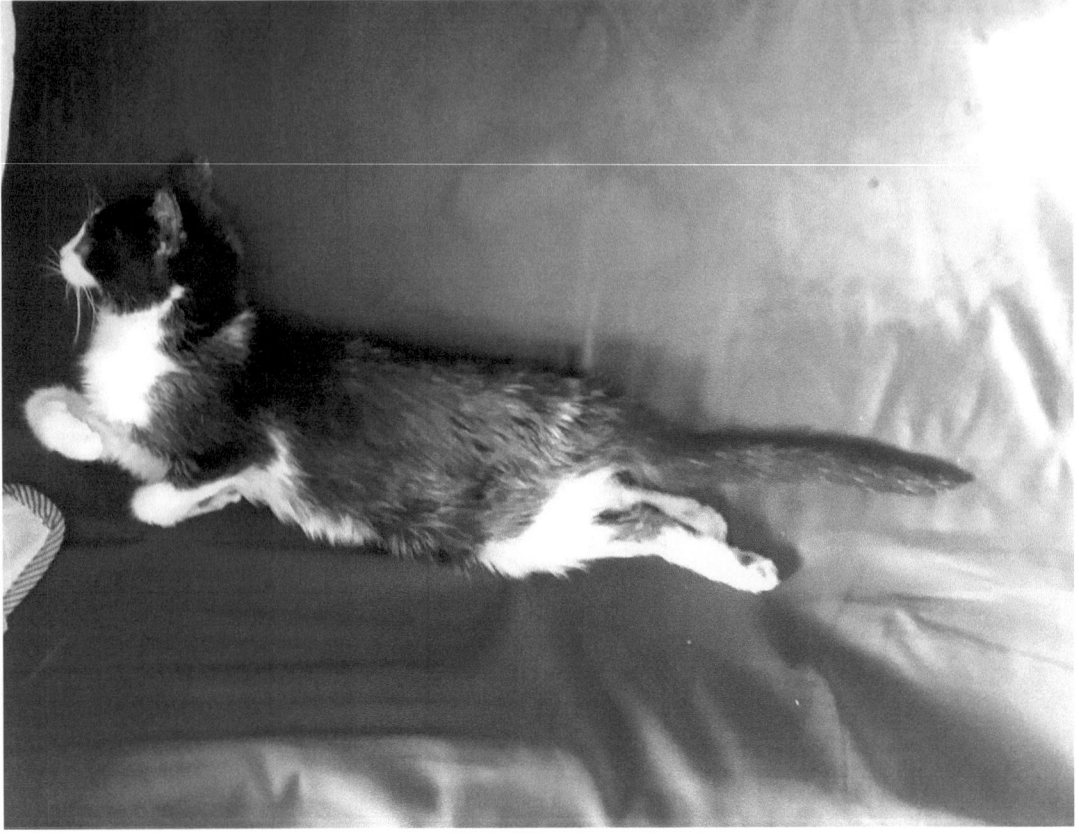

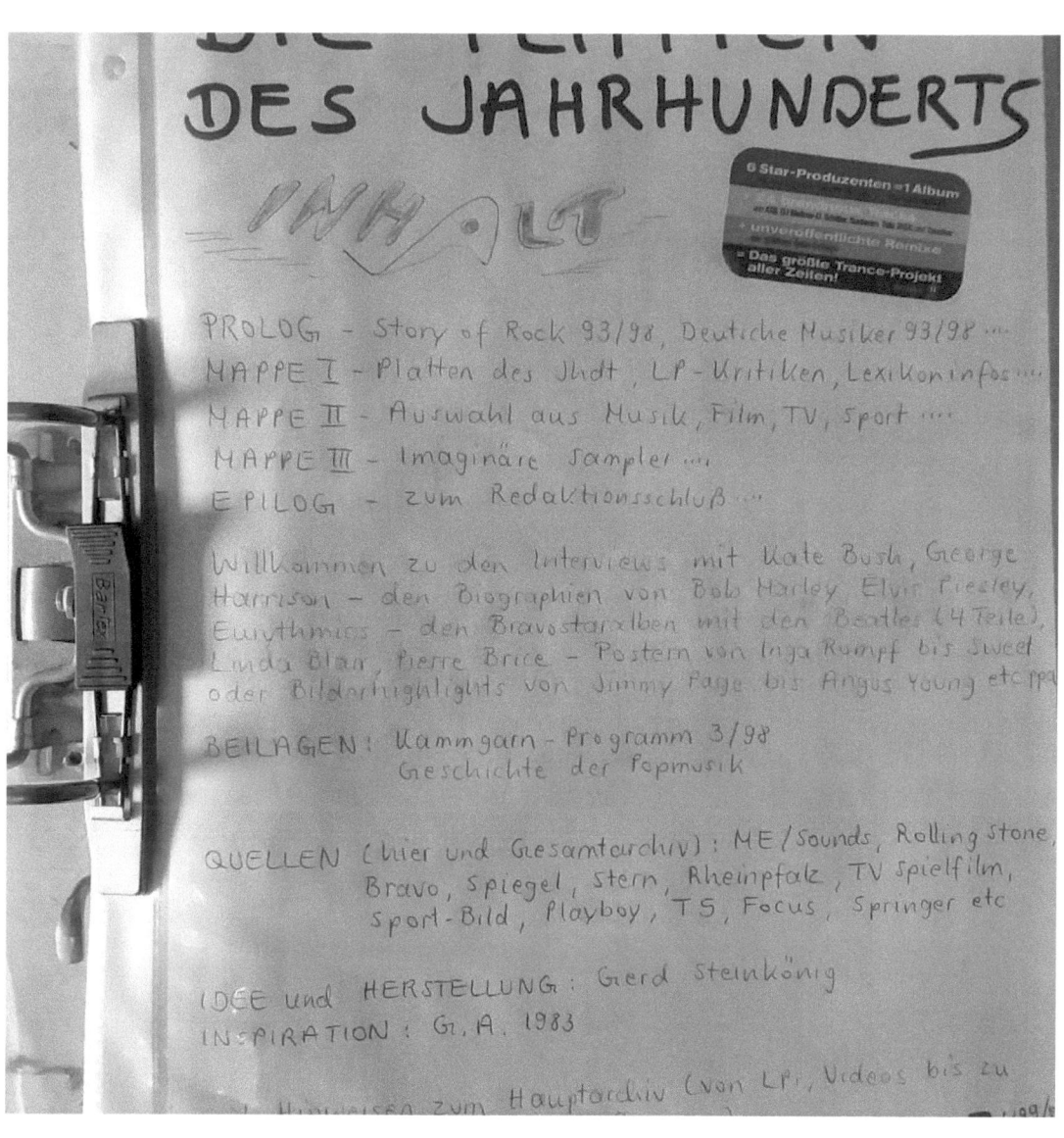

DES JAHRHUNDERTS

INHALT

PROLOG - Story of Rock 93/98, Deutsche Musiker 93/98 ...
MAPPE I - Platten des Jhdt, LP-Kritiken, Lexikoninfos ....
MAPPE II - Auswahl aus Musik, Film, TV, Sport ....
MAPPE III - Imaginäre Sampler ...
EPILOG - zum Redaktionsschluß ...

Willkommen zu den Interviews mit Kate Bush, George
Harrison - den Biographien von Bob Marley, Elvis Presley,
Eurythmics - den Bravostaralben mit den Beatles (4 Teile),
Linda Blair, Pierre Brice - Postern von Inga Rumpf bis Sweet
oder Bilderhighlights von Jimmy Page bis Angus Young etc ppa

BEILAGEN: Kammgarn - Programm 3/98
          Geschichte der Popmusik

QUELLEN (hier und Gesamtarchiv): ME/Sounds, Rolling Stone,
         Bravo, Spiegel, Stern, Rheinpfalz, TV Spielfilm,
         Sport-Bild, Playboy, TS, Focus, Springer etc

IDEE und HERSTELLUNG: Gerd Steinkönig
INSPIRATION: G.A. 1983

... Hinweisen zum Hauptarchiv (von LPs, Videos bis zu

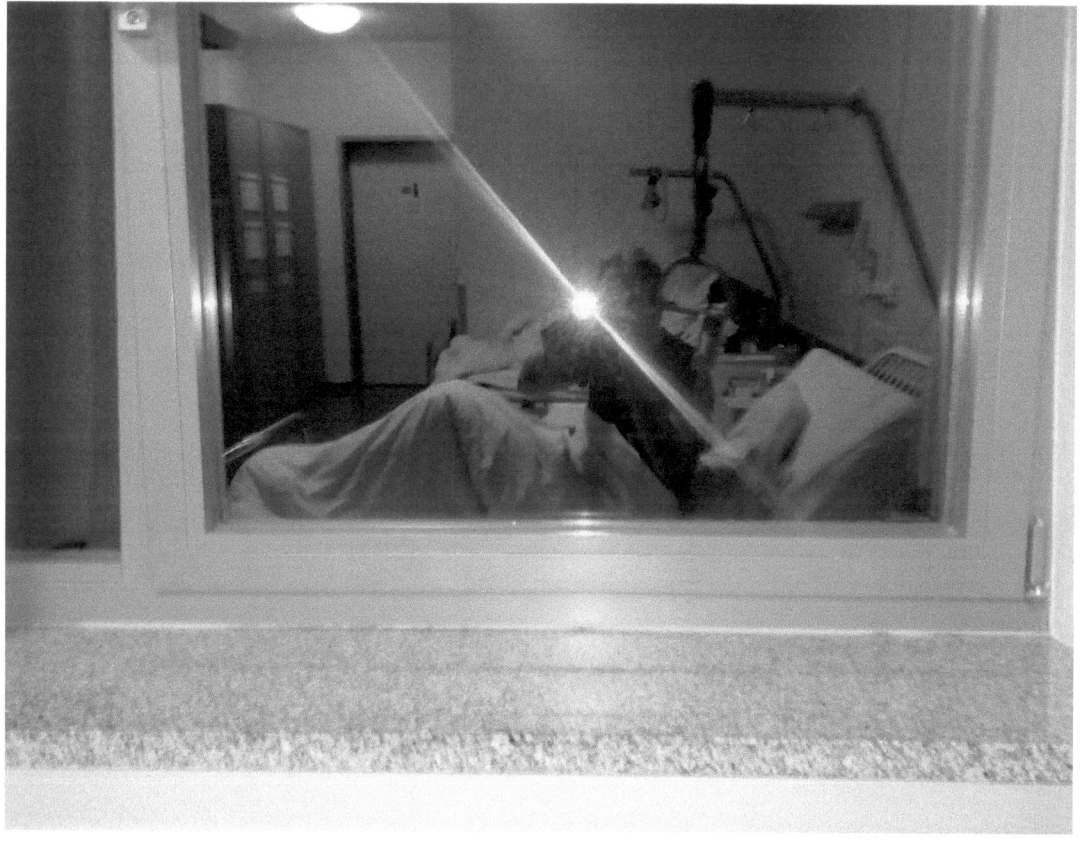

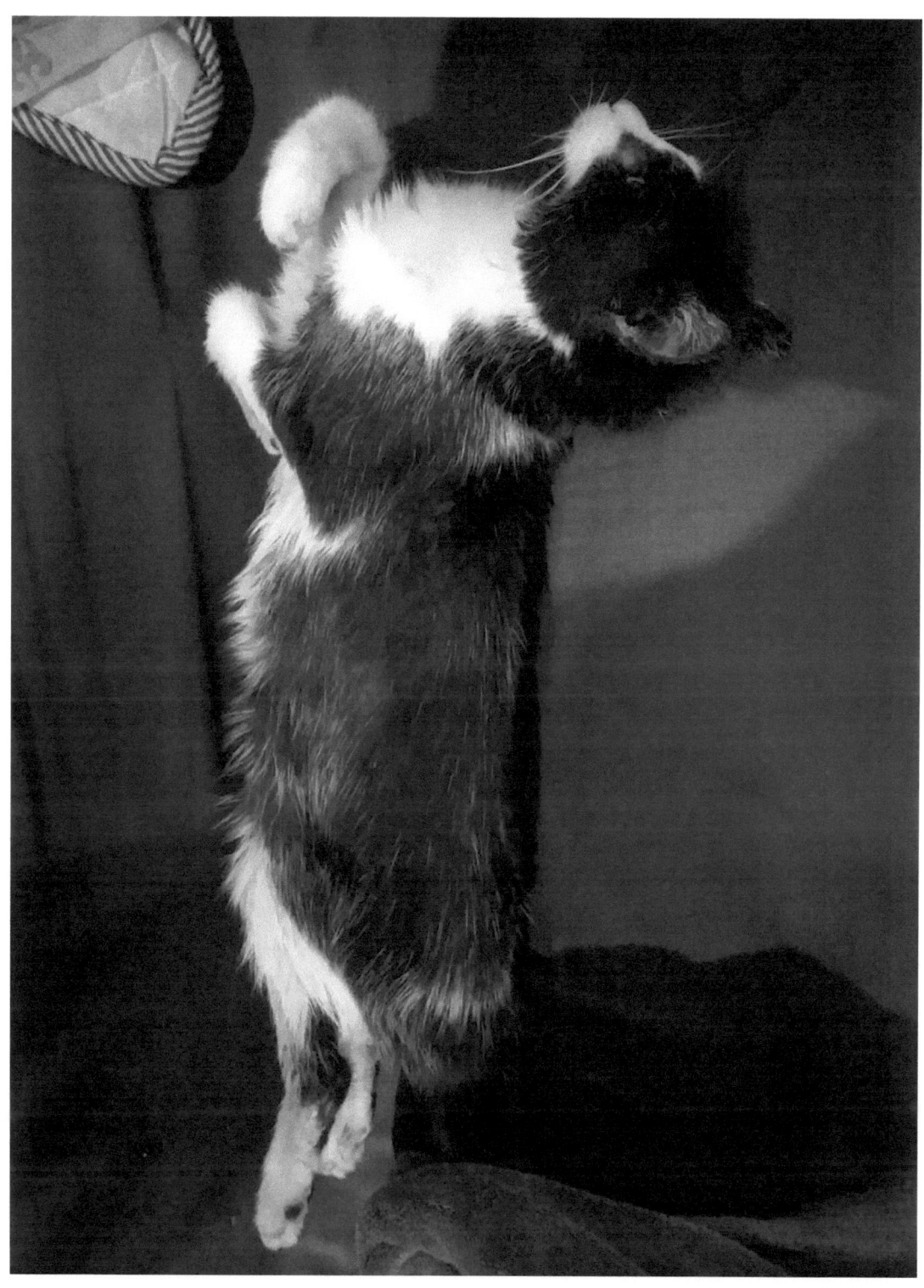

40
Jahre
A Trick of the Tail

Natürlich war es ein Wagnis. Genesis ohne Peter Gabriel, ohne seinen herausragenden Sänger und Texter, ohne seinen frontman und vermeintlichen Vorderkopf? Das war schwer vorstellbar anno 1975, als die fünf Engländer gerade von ihrem ebenso großspurigen wie großartigen Konzeptwerk "The Lamb Lies Down On Broadway" durch die USA und Europa tourten. In relativ kurzer Zeit mussten Tony Banks, Mike Rutherford, Phil Collins und Steve Hackett mit der neuen Situation klarkommen. Doch während die britische Musikpresse bereits Nachrufe auf Genesis schrieb, spielten sie ein Album ein, das das erfolgreichste ihrer bisherigen Karriere werden sollte: "A Trick Of The Tail".

„Ich wollte, dass The Who sechs Monate existieren und dann verschwinden, damit ich zurück auf die Kunstschule gehen könnte"

Pete Townshend

Gerd Steinkoenig (Glückskind magicmirror)

Gerd's Katze Molly hat ihre eigene Seite

48

49

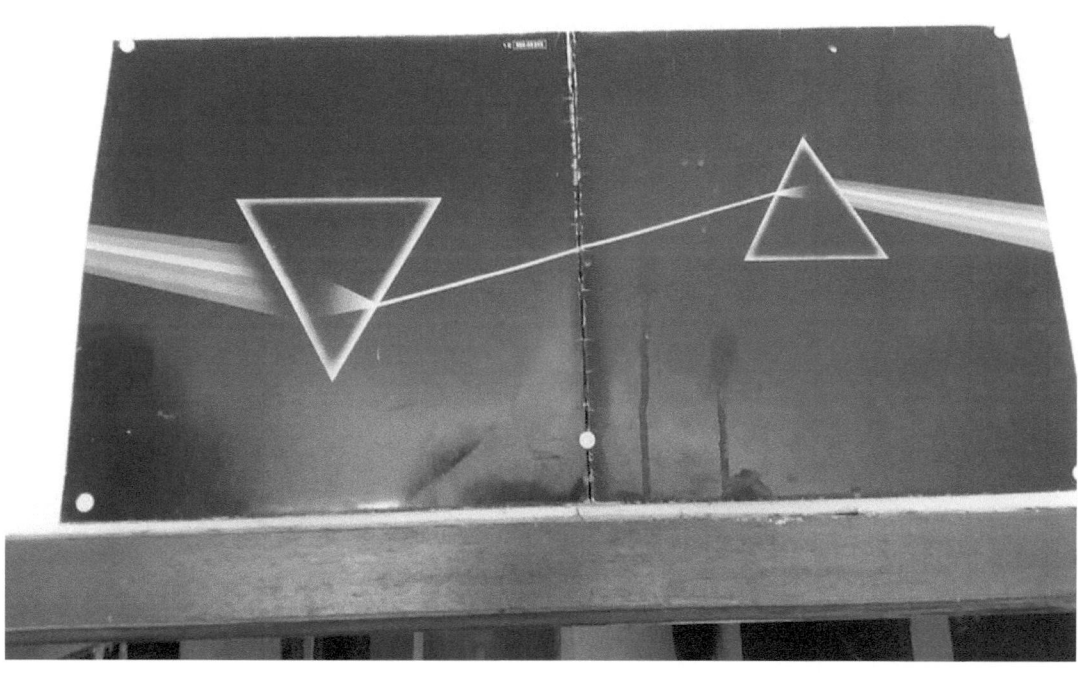